고구마 탐정 과학 ❸
파라오의 보물을 지켜라!

서지원 글

강릉에서 태어나 한양대학교를 졸업하고 〈문학과 비평〉에 소설로 등단해, 지식과 교양을 유쾌한 입담과 기발한 상상력으로 전하는 이야기꾼입니다. 서울시 올해의 책, 원주시 올해의 책, 문화체육관광부와 한국도서관협회가 뽑은 우수문학도서 등에 선정된 저서 외에도 2011년부터 초등학교와 고등학교 교과서를 집필했습니다. 쓴 책으로는 《한눈에 쏙 세계사 2: 고대 통일 제국의 등장》《만렙과 슈렉과 스마트폰》《몹시도 수상쩍다》《빨간 내복의 초능력자》 등 250여 종이 있으며, 현재 초등학교 교과서 집필진으로 활동 중입니다.

이승연 그림

대학에서 가구 디자인을 공부했으며, 지금은 어린이들이 좋아서 어린이책에 그림을 그리는 일을 하고 있습니다. 그린 책으로는 《로봇 반장》《게임 중독자 최일구》《비상! 바이러스의 습격》《거인의 나라로 간 좌충우돌 탐정단》〈고구마 탐정〉 시리즈 등이 있습니다.

고구마 탐정 과학 ❸ -파라오의 보물을 지켜라!

초판 1쇄 발행 2023년 06월 15일
초판 2쇄 발행 2025년 06월 25일

글 서지원　**그림** 이승연
발행처 주식회사 스푼북　**발행인** 박상희　**총괄** 김남원
편집 길유진 박선정 이민주 이지은
디자인 권수아 정진희　**마케팅** 박병건 박미소
출판신고 2016년 11월 15일 제2017- 000267호
주소 (03993) 서울시 마포구 월드컵북로6길 88-7 ky21빌딩 2층
전화 02- 6357- 0050(편집) 02- 6357- 0051(마케팅)
팩스 02- 6357- 0052　**전자우편** book@spoonbook.co.kr

ISBN 979-11-6581-456-4 (73810)

* 저작권법에 의하여 한국 내에서 보호를 받는 저작물이므로 무단 전재와 무단 복제를 금합니다.
* 잘못 만들어진 책은 구입하신 곳에서 바꾸어 드립니다.

제품명 고구마 탐정 과학 3
제조자명 주식회사 스푼북 | 제조국명 대한민국 | 전화번호 02-6357-0050
주소 (03993) 서울시 마포구 월드컵북로6길 8E-7 ky21빌딩 2층
제조년월 2025년 06월 25일 | 사용연령 10세 이상
※ KC마크는 이 제품이 공통안전기준에 적합하였음을 의미합니다.

⚠ 주 의
아이들이 모서리에 다치지 않게 주의하세요.

고구마 탐정 과학 ③

파라오의 보물을 지켜라!

글 서지원 | 그림 이승연

스푼북

작가의 말

명탐정이 되는 법

사건이 발생하자, 또다시 고구마 탐정이 출동했어요. 이번에는 값비싼 파라오의 보물을 훔쳐 간 괴도 팡팡과 신통한 능력을 발휘하는 용용 신, 그리고 별튜브에서 먹방 별튜버로 유명한 마식왕 사건을 해결해야 해요. 우리의 고구마 탐정은 도르래의 원리와 전기, 물질의 성질을 이용해 범인을 추적하기 시작합니다.

탐정은 어떻게 범인을 추적할까요? 눈, 코, 입, 귀, 피부의 다섯 가지 감각을 사용해 사건 현장과 범인의 특징을 자세히 살펴봅니다. 이것을 '관찰한다'고 하지요. 감각 기관으로 관찰하기 어려울 때는 돋보기, 현미경, 청진기 등의 도구를 사용하기도 해요. 그리고 길이, 무게, 시간, 온도 등을 측정하지요.

그렇다면 추리는 어떻게 할까요? 관찰한 결과와 과거의 경험, 이미 알고 있는 것 등을 바탕으로 어떤 일이 일어났는지 생각하지요. 추리 능력이 뛰어난 탐정이 되려면 관찰을 잘하고, 자신이 이미 경험하거나 알고 있는 것과 잘 연관을 지어서 생각할 줄 알아야 해요.

이쯤 되면 눈치챘나요? 탐정과 과학자는 탐구하는 방법이 같다는 것을요. 과학자 또한 탐구할 때 관찰과 측정, 예상과 추리를 하지요. 그래서 뛰어난 탐정은 뛰어난 과학자의 능력을 갖추고 있답니다.

과학은 교과서 안에만 있지 않아요. 우리 주변을 살펴보면 곳곳에 숨어 있는 과학을 볼 수 있어요. 놀이공원에 갔을 때, 요리할 때, 공원에 산책하러 갔을 때도 과학을 찾을 수 있지요. 궁금한 것을 찾다 보면 저절로 과학의 원리를 깨닫게 된답니다.

고구마 탐정처럼 과학을 아주 잘하는 방법을 한 가지 알려드릴게요. 뇌 과학자들의 연구 결과에 따르면, 3일씩 열 번을 반복하면 습관이 만들어진다고 해요. 뇌는 아무리 하기 싫은 일도 3일은 할 수 있게 해 준대요. 그러니까 3일은 누구나 할 수 있어요. 3일 동안 생활 곳곳에 숨은 과학을 찾아보세요. 3일이 지나면 또 3일만 하자고 결심하세요. 그렇게 열 번만 하면 뇌가 새로운 일에 적응하고, 어느새 습관으로 자리 잡을 거예요. 그렇게 만들어진 습관은 잘 관리하면 평생 간다고 해요. 이렇게 과학자처럼 늘 주변을 탐구하는 자세를 습관으로 만들면, 여러분은 고구마 탐정 못지않은 명탐정의 능력을 갖추게 될 거예요.

여러분의 친구이자 명탐정 X
서지원

인물 소개

고구마 탐정

경찰도 해결하지 못하는 어려운 사건을 기막힌 추리력으로 척척 풀어내는 명탐정. 생각을 오래 하면 머리에서 열이 나고 노릇노릇 고구마 굽는 냄새가 진동을 한다. 어디선가 꿀꺽 침이 넘어갈 정도로 맛있는 냄새가- 난다면 고구마 탐정이 사건을 해결하고 있는 것!

알파독

강아지의 모습을 한 인공 지능 로봇. 초정밀 스캐너가 달린 눈, 냄새 탐지기가 달린 코, 초음파까지 들을 수 있는 소리 탐지기가 달린 귀로 고구마 탐정을 돕는다.

나뚱뚱 경감

날마다 다이어트를 외치지만 먹는 걸 너무 좋아해서 다이어트는 언제나 내일부터! 사건이 해결되지 않을 때 고구마 탐정을 찾아가 도움을 청한다.

오동통 형사

나뚱뚱 경감의 사촌 동생으로 별명은 미니 버거. 비듬 마을에 살고 있는데 사건을 해결하러 가서 해결은커녕, 사고를 더 많이 치고 오는 사고뭉치다.

차 례

작가의 말

미스터리 사건 파일 #1
파라오의 보물을 지켜라!
8

미스터리 사건 파일 #2
용용 신의 비밀을 밝혀라!
50

미스터리 사건 파일 #3
나잘난 셰프와 먹방 별튜버 마식왕
90

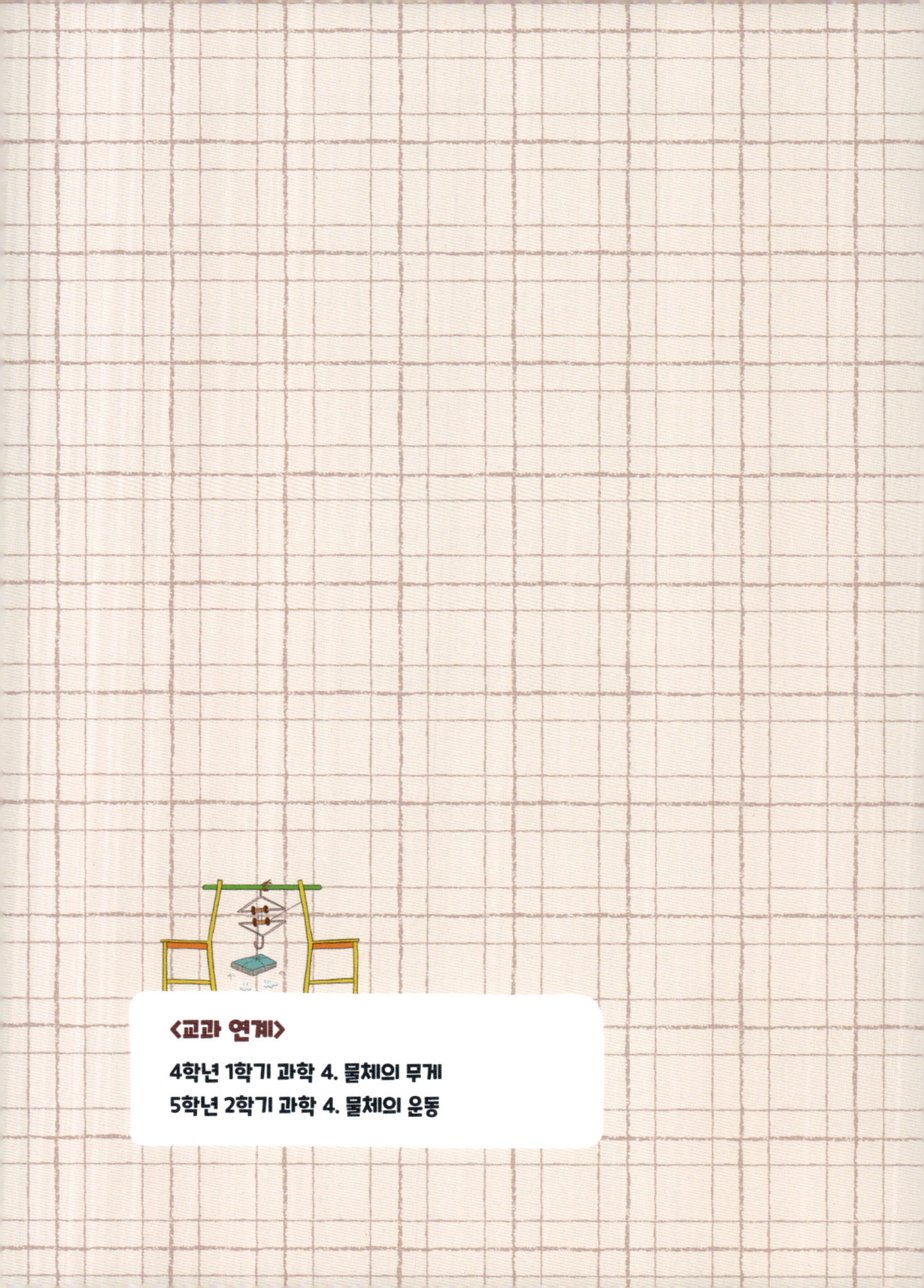

<교과 연계>

4학년 1학기 과학 4. 물체의 무게
5학년 2학기 과학 4. 물체의 운동

미스터리 사건 파일 #1

파라오의 보물을 지켜라!

🔑 추리 열쇠
무게를 분산시키는 도르래의 원리

고구마 탐정은 눈을 비비며 앞을 보고 또 보았어요. 어디서 본 듯한 남자가 자신을 향해 성큼성큼 다가오고 있었기 때문이지요.

남자는 이상한 줄무늬 수건을 둘러쓰고, 턱수염을 댕기 머리처럼 땋은 채 크고 쌍꺼풀 짙은 눈을 끔뻑이며 서 있었지요.

"당신이 고구마 탐정인가요?"

"그, 그런데요……."

고구마 탐정은 대체 이 남자를 어디서 보았을까 하고 머리를 긁적였어요. 그때 고구마 탐정의 머릿속에 이집트의 왕 파라오의 조각상이 번뜩 스쳐 갔어요.

"파라오?"

"벌써 내 이름을 알아맞히다니, 과연 듣던 대로 실력이 대단하신 모양입니다."

남자가 성큼 다가와 고구마 탐정의 손을 맞잡았어요.

"하하하!"

고구마 탐정은 멋쩍은 표정으로 웃음만 터트렸지요.

이집트의 왕 파라오의 조각상을 꼭 닮은 파라오라는 남자는 자신을 이집트 문화를 연구하는 학자라고 소개했어요.

"이집트 문화라고요?"

"그래요. 이집트, 하면 무엇이 가장 먼저 생각나나요?"

"거대한 무덤인 피라미드와 수수께끼를 낸다는 조각상 스핑크스 정도……."

"제대로 알고 계시는군요! 저는 이집트 왕의 무덤인 피라미드 속에 있는 유물들을 수집하고 있답니다."

파라오는 고구마 탐정에게 부탁할 것이 있다며 뜸을 들였어요.

"무슨 부탁을 하시려고요?"

고구마 탐정이 묻자 파라오는 커다란 눈동자를 요리조리 굴리더니 주위를 살피며 조심스럽게 말했지요.

"고구마 탐정, 혹시 괴도 팡팡에 대해 잘 아십니까?"

"동에 번쩍 서에 번쩍 나타났다가 목표물만 갖고 감쪽같이 사라지는 신출귀몰한 도둑이잖아요."

괴도 팡팡은 요즘 날마다 신문을 장식하는 도둑이었어요. 괴도 팡팡은 대담하게도 자신이 훔치려는 물건이 있는 곳에 미리 범행 예고장을 보냈어요. 그리고 언제, 어떻게 나타났는지도 모르게 쓱 나타나서 물건을 훔쳐 사라졌답니다. 괴도 팡팡 때문에 경찰들은 여간 골치가 아니었지요.

"내게 그 괴도 팡팡의 예고장이 왔습니다."

파라오는 조심스럽게 봉투에 든 카드를 꺼냈어요. 그러자 삐뚤빼뚤한 것이 마치 어린아이가 쓴 낙서 같은 범행 예고장이 나타났지요.

깐깐하고 고집스러운 **파라오** 씨!
오늘 밤 10시,
당신이 가장 아끼는 보물인
라의 심장을 가져가겠소.

"혹시 이걸 보고 뭔가 알아낼 수 있겠습니까?"

파라오가 고구마 탐정에게 물었어요.

"음, 괴도 팡팡이 파라오 씨를 싫어한다는 것은 알 수 있겠군요."

고구마 탐정의 말에 파라오는 한숨을 내쉬었어요.

"휴, 대체 그 도둑이 나한테 무슨 원한을 가진 건지 모르겠군! 고구마 탐정, 라의 심장은 내가 수십 년 동안 모은 보석 중 가장 귀하고 비싼 것입니다. 그걸 이딴 도둑에게 빼앗길 순 없어요!"

파라오는 제발 자신의 보물을 지켜 달라며 눈물을 글썽였어요.

좋습니다. 이번 사건을 받아들이도록 하지요.

고구마 탐정은 파라오의 의뢰를 기꺼이 받아들이겠다고 했어요. 그렇게 해서 고구마 탐정과 알파독은 파라오를 따라 그의 저택으로 가게 되었답니다.

"자, 이곳이 바로 우리 집입니다."

파라오가 멈춘 곳은 삼각형 모양의 돌로 된 건물이었어요. 언뜻 보기에 이집트에 있는 피라미드를 옮겨다 놓은 것 같은 모습이었지요.

"집이 정말 특이하군요!"

"왈!"

고구마 탐정과 알파독은 주변을 둘러보았어요.

피라미드 저택의 입구에는 스핑크스 조각상이 서 있었어요.

파라오가 스핑크스의 혓바닥을 꾹 누르자 누군가 문을 열기 위해 후다닥 달려 나왔지요. 피라미드 저택의 집사인 '나집사'였어요.

"초인종을 누른 지가 언젠데! 왜 이렇게 굼뜬 게야?"

파라오는 나집사를 향해 두 눈을 부릅떴어요.

"죄, 죄송합니다. 붕대를 정리하느라 초인종 소리를 늦게 들었어요."

"한심하긴!"

파라오는 나집사에게 얼른 고구마 탐정과 알파독을 안내하라고 외쳤어요. 그러자 나집사가 고개를 숙이며 넙죽 사과를 했지요.

"죄송합니다. 주인님께서 손님을 데려온다고 얘기하지 않으셔서 미처 마실 것을 준비하지 못했습니다."

"우린 괜찮아요."

고구마 탐정은 괜찮다면서 손사래를 쳤어요. 그래도 나집사는 미안하다며 거듭 사과했지요.

그때 파라오가 신경질적으로 외쳤어요.

"세상에! 아직도 이 붕대를 다 정리하지 못한 건가?"

"죄송합니다. 주인님께서 생각보다 빨리 오시는 바람에……."

나집사가 절절매자 파라오는 짜증스러운 표정으로 냉큼 붕대를 치우라고 했어요.

파라오의 말이 떨어지기 무섭게 나집사가 거실에 주렁주렁 널려 있던 붕대를 줍기 시작했지요.

고구마 탐정도 나집사를 도와 붕대를 주우려 했어요. 아무래도 나집사가 혼자 옮기기엔 바닥에 널브러져 있는 붕대의 양이 많아 보였거든요.

"어어, 함부로 손대지 마십시오!"

그때 파라오가 귀한 붕대이니 마음대로 만지면 안 된다고 외쳤어요.

"컥!"

고구마 탐정이 놀라 붕대를 바닥에 내려놓으려 할 때였어요. 붕대를 주섬주섬 줍던 나집사가 발을 헛디디는

바람에 넘어지고 말았어요.

그 모습을 본 파라오가 두 눈을 부라리며 소리쳤어요.

"이게 얼마나 귀한 붕대인데!"

"죄송합니다. 죄송합니다."

나집사는 허둥대며 연신 죄송하다는 말을 내뱉었지요.

고구마 탐정은 계속해서 사과하고 잘못을 비는 나집사의 모습이 무척 안쓰러워 보였어요.

그때 저택의 거실 한가운데에 놓인 뻐꾸기시계가 뻐꾹뻐꾹 하고 울었어요. 저녁 8시를 알리는 소리였지요. 괴도 팡팡이 예고한 범행 시간이 딱 두 시간밖에 남지 않은 거예요.

"이럴 시간이 없습니다. 어서 라의 심장이 있는 방으로 갑시다, 고구마 탐정."

파라오는 매우 긴장된 표정으로 말했지요.

파라오는 고구마 탐정과 알파독을 피라미드 저택의 가장 꼭대기에 있는 방으로 데려갔어요.

투박하고 무거운 방문을 열자 방 한가운데에 새카만

돌덩어리가 하나 놓여 있었지요. 얼핏 보기엔 석탄 덩어리 같기도 하고, 까맣게 그을린 돌덩어리 같기도 했어요.

"짠, 이게 바로 라의 심장이라는 보물입니다!"

"이, 이게 라의 심장이라고요?"

"그렇습니다. 정말 탐스럽고 아름다운 빛깔이죠? 라는 이집트의 태양신이랍니다. 라의 심장이란 말 그대로 태양의 심장이란 뜻이죠. 보세요, 이글이글 타오르는 뜨거운 태양의 심장을 누군가 밖으로 꺼내 놓은 것 같지 않나요?"

"그런 것 같기도 하고……. 그런데 이 돌은 언뜻 보기에도 100킬로그램은 넘어 보이는데요? 괴도 팡팡은 이걸 무슨 수로 가져간다는 거지?"

"역시 고구마 탐정님의 눈은 정확하군요. 라의 심장은 무게가 101킬로그램이랍니다. 기운이 엄청나게 센 천하장사가 아니고서는 이걸 번쩍 들고 도망칠 수 없을 거예요."

고구마 탐정은 조심스럽게 꼭대기 방을 둘러보았어요. 꼭대기 방은 특이하게도 천장에 창문이 나 있었지요. 만약

누군가가 라의 심장을 훔친다면 방법은 두 가지, 하나는 천장에 난 창문을 이용하는 것이고, 또 하나는 방문을 열고 무거운 돌덩어리를 나르는 것이었어요.

하지만 천장에 난 창문으로 라의 심장을 옮기려면 엄청난 힘이 필요해요. 무려 101킬로그램이나 되는 무거운 돌덩어리를 천장까지 번쩍 들어 올린다는 건 보통 사람은 할 수 없는 일이죠.

그리고 두 번째 방법으로 방문을 이용한다면 그 앞을 지키고 있는 고구마 탐정이나 파라오에게 들통날 게 뻔해요. 크고 무거운 돌덩이를 번쩍 들고 계단을 내려간다는 건 더더욱 불가능한 일이고요.

"하지만 상대는 괴도 팡팡! 우리가 모르는 신출귀몰한 방법으로 보물을 훔쳐 갈 수도 있으니 긴장을 늦추어선 안 됩니다!"

파라오는 반드시 라의 심장을 지켜야 한다며 주먹을 불끈 움켜쥐었어요. 바로 그때 저택 아래에서 시끌벅적한 소리가 들려왔어요.

고구마 탐정과 알파독, 파라오는 얼른 저택 1층으로 내려갔지요. 그러자 매우 익숙한 목소리가 들려왔어요.

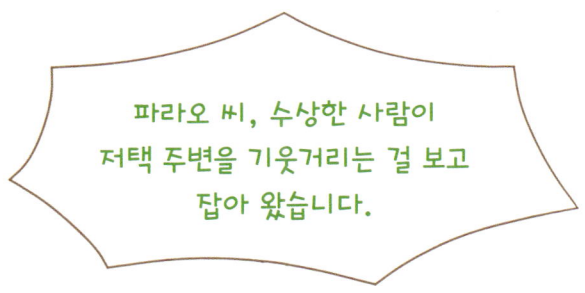

파라오 씨, 수상한 사람이 저택 주변을 기웃거리는 걸 보고 잡아 왔습니다.

목소리의 주인공은 바로 나뚱뚱 경감이었지요.

"경감님!"

"오, 고구마 탐정!"

파라오는 고구마 탐정만으로는 안심이 되지 않는다며 나뚱뚱 경감과 경찰들에게 저택을 지켜 달라고 도움을 청했던 거예요.

그렇게 해서 저택 주변을 수색하던 나뚱뚱 경감은 수풀 속에서 저택을 기웃기웃 보고 있는 수상한 여자를 발견하고 수갑을 채웠던 거죠. 여자는 모자를 푹 눌러쓰고

있어서 얼굴을 볼 수 없는 상태였어요.

 파라오는 여자가 괴도 팡팡일 거라며 모자를 획 벗겼어요. 그러자 파라오와 매우 닮은 젊은 여자의 얼굴이 드러났지요.

"힉, 아, 아가씨!"

나집사가 어쩔 줄 몰라 하는 표정으로 여자와 파라오를 번갈아 보았어요.

"아가씨?"

"저분은 파라오 주인님의 딸 파미라 양이에요."

나집사의 말에 파미라가 빳빳하게 고개를 치켜들었어요.

"그래요, 이 집에서 좋은 구경거리가 생긴다는 소식을 듣고 구경하러 왔어요."

"뭐야? 아빠의 보물을 지켜 줄 생각은 못할망정 구경을 하러 왔다고?"

"흥, 그깟 보물들! 모두 사라졌으면 좋겠다고요!"

파미라와 파라오는 사이가 매우 나빠 보였어요. 둘은 서로를 노려보며 잡아먹을 듯 으르렁거렸지요.

그때 나집사가 고구마 탐정의 귀에 소곤소곤 얘기했어요.

"파미라 아가씨는 주인님과 사이가 매우 안 좋아요.

늘 피라미드의 보물만 애지중지하는 주인님께 불만이 많거든요."

"파미라 양은 피라미드 저택에 살지 않나 보군요?"

"네, 얼마 전 주인님과 크게 다투고 집을 나가셨답니다. 아차차, 제 정신 좀 봐요. 죄송합니다. 먹을 것을 가져온다는 걸 깜빡했네요."

나집사는 고구마 탐정과 나뚱뚱 경감에게 달걀을 삶아 줄 테니 먹으면서 기다리라고 말했어요.

"오, 삶은 달걀! 그거 정말 맛있겠군요!"

나뚱뚱 경감이 군침을 삼켰지요.

나집사는 얼른 달걀을 삶아 오겠다며 부엌으로 향했어요.

그 모습을 본 파라오는 입술을 씰룩이며 "이 중요한 순간에 먹는 타령을 하다니, 하나부터 열까지 마음에 안 든다니까."라고 중얼거렸어요.

9시 30분.

예고된 시간을 딱 30분 남겨 두었을 무렵, 부엌으로

들어갔던 나집사가 김이 모락모락 나는 삶은 달걀을 가져왔어요. 그걸 본 파라오가 또 버럭 소리를 질렀지요.

"달걀 하나를 삶는 데 무슨 시간이 이렇게 오래 걸리는 거지?"

"죄송해요. 달걀을 깨트리는 바람에 새로 삶아야 했거든요."

"에잇, 달걀도 제대로 못 삶다니!"

파라오가 짜증 섞인 표정으로 소리를 버럭 지르며 달걀을 깼어요. 달걀은 아주 잘 익은 상태였지요.

"오호, 달걀이 정말 맛있게 익었군요! 이렇게 삶기도 어려운데!"

나뚱뚱 경감이 뜨거운 달걀을 호호 불어 가며 말했어요. 달걀은 정말 먹음직스러워 보였지요.

파라오가 초조하게 시계를 바라보았어요.

그나저나 우리가 이렇게 달걀이나 먹고 있어도 되는 겁니까?

어차피 범인이 라의 심장을 훔치더라도 밖으로 나올 방법은 딱 하나밖에 없습니다. 저 계단으로 내려오는 것이죠.

   나뚱뚱 경감은 괴도 팡팡은 독 안에 든 쥐나 다름없다며 걱정하지 말라고 자신 있게 말했어요.

   어느덧 시간이 흘러 9시 55분이 되었어요.

   괴도 팡팡이 예고한 범행 시간을 딱 5분 앞두게 된 거예요. 파라오는 긴장된 표정으로 시계를 바라보았어요.

   '엇, 알파독이 어디로 간 거지?'

   고구마 탐정이 알파독을 찾아 주위를 두리번거릴 때, 갑자기 서재 안에서 와장창 소리가 나지 뭐예요.

"서, 서재로 괴도 팡팡이 들어온 게 틀림없어!"

파라오가 냉큼 서재로 달려가 문을 열었어요. 고구마 탐정과 나뚱뚱 경감도 파라오의 뒤를 쫓아 부랴부랴 달려갔지요.

"꼼짝 마, 괴도 팡팡!"

나뚱뚱 경감이 거대한 몸을 내던지려 할 때였어요.

"왈왈!"

알파독이 겁을 먹은 듯 짖어 댔지요.

"엇, 알파독! 네가 왜 여기에 있는 거야?"

서재 한가운데에는 책이 와르르 무너져 있었고, 그 옆에 알파독이 큰 죄를 지은 것처럼 불안한 표정으로 서 있었어요.

"끄응……."

알파독이 끙끙거리며 고개를 푹 숙였어요.

"뭐야, 알파독이 책 더미를 무너트린 건가?"

나뚱뚱 경감이 고개를 갸웃거리자 파라오가 그럴 리 없다고 말했어요.

"그럴 리가! 내 서재의 책들은 늘 책장에 가지런히 정리되어 있다고요. 나집사! 자네가 책을 서재 한가운데에다가 엉망으로 쌓아 둔 건가?"

"아닙니다, 주인님!"

바로 그 순간, 고구마 탐정은 책 더미 사이로 보이는 달걀 껍데기를 발견했어요.

산산이 부서진 달걀 껍데기에서는 군침이 돌 정도로 맛있는 고기 냄새가 났지요.

"킁킁, 왜 고기 냄새가 나는 거지?"

고구마 탐정이 코를 벌름거릴 때였어요. 거실 한가운데에 놓인 뻐꾸기시계가 요란하게 10시를 알렸어요.

괴도 팡팡이 예고한 범행 시간이 된 거예요.

"설마 놈이 나타나진 않았겠지?"

파라오는 잽싸게 피라미드 저택의 맨 꼭대기 방으로 향했어요. 그런데 그가 방문을 열자 놀라운 광경이 펼쳐졌지요.

방금 전까지만 해도 방 한가운데에 있던 거대한 라의

심장이 감쪽같이 사라져 버린 거예요.

"이, 이게 어떻게 된 거지?"

라의 심장이 있던 자리에는 카드 봉투 하나가 놓여 있었어요. 그 안에는 어린아이의 낙서처럼 삐뚤빼뚤한 글씨로 쓰인 괴도 팡팡의 메시지가 들어 있었지요.

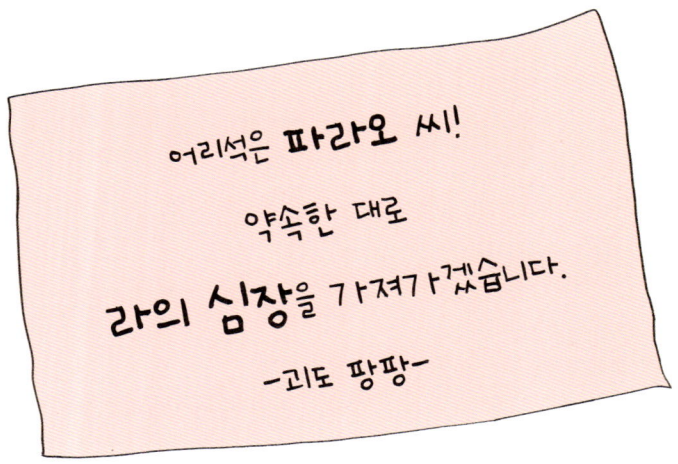

카드를 읽은 파라오는 바닥에 털썩 주저앉아 꺼이꺼이 통곡했어요.

"대체 괴도 팡팡이 무슨 수로 그 무거운 돌덩어리를 가져간 거지?"

나뚱뚱 경감도 믿기지 않는다는 표정이었지요.

그때 고구마 탐정이 날카로운 눈빛으로 파미라와 나집사를 보았어요.

"우리가 서재에 들어갔을 때 두 사람은 어디에 있었나요?"

"그때요? 난 잠깐 화장실에 갔어요."

파미라는 화장실도 마음대로 못 가는 거냐며 쏘아붙였어요. 나집사는 잠깐 옷을 정리하고 있었다고 했지요.

"잠깐, 고구마 탐정. 설마 이 두 사람을 의심하는 건가?"

"우리가 서재로 간 사이 괴도 팡팡이 나타나 라의 심장을 옮긴 게 틀림없어요."

고구마 탐정은 나뚱뚱 경감에게 파미라와 나집사 둘 중 한 명이 범인일 거라고 말했어요. 그러자 나뚱뚱 경감은 그럴 리 없다며 고개를 가로저었지요.

"생각해 보게. 파미라 양처럼 연약한 여자가 그 무거운 돌덩이를 옮긴다는 건 말도 안 돼. 나집사 씨도 멸치처럼 삐쩍 말랐지 않은가."

"그래도 힘은 천하장사일지 모르잖아요."

"아무리 그래도 그 무거운 돌덩이를 감쪽같이 옮길 수는 없을 거야."

나뚱뚱 경감은 괴도 팡팡이 다른 속임수를 썼을 거라고 말했어요. 고구마 탐정은 골똘히 생각에 잠겼지요.

'대체 범인은 무슨 수로 우리 모두를 속이고 라의 심장을 훔친 걸까…….'

생각에 잠긴 고구마 탐정의 머리에서 땀이 뚝뚝 흘렀어요. 순간 달콤한 고구마 익는 냄새가 온 집 안에 진동했지요.

"음, 이게 무슨 냄새지?"

파미라가 자기도 모르게 고구마 탐정의 몸에 손을 갖다 댔어요. 그러자 찐득찐득한 고구마 진액 같은 것이 묻어 나오지 뭐예요.

"어머나, 몸에서 잼이 나오다니!"

파미라가 손을 탈탈 털며 소리칠 때였어요. 그 순간, 고구마 탐정의 머릿속을 번개처럼 스쳐 가는 것들이 있었지요.

그건 바로 범인의 속임수였어요.

> 추리는 끝났습니다.
> 범인은 바로 당신이에요,
> **나집사 씨!**

"예?"

나집사가 당황한 듯 두 눈을 동그랗게 떴어요.

"우리에게 삶은 달걀을 줄 때부터 당신의 범행은 시작되었던 겁니다. 그렇죠?"

"그, 그게 무슨 소리인가요?"

"당신은 우리에게 달걀을 주겠다는 핑계로 부엌으로 갔어요. 그리고 그곳에서 달걀 네 개를 골라 밑부분을 뚫어 내용물을 뺀 다음 가운데를 테이프로 둘렀지요. 그리고 반을 잘라 책을 쌓아 올릴 수 있는 받침대를 만들었어요."

"달걀 껍데기로 무거운 책을 받칠 수 있다고? 그런 얘기는 처음 듣는군!"

나뚱뚱 경감이 그건 아닐 거라며 손을 휘저었어요. 하지만 고구마 탐정은 서재에서 발견한 달걀 껍데기를 내밀며 말했어요.

"당신은 달걀 껍데기 위에 책을 쌓아 놓은 다음 알파독을 서재로 들여보냈어요. 고기 냄새를 맡은 알파독이 코를 킁킁거리며 다녔겠지요. 그 바람에 달걀 받침 위에 놓인 책들이 무너졌고, 요란한 소리를 들은 우리가 모두 서재로 뛰어가게 된 거예요."

고구마 탐정의 말에 나집사는 말도 안 되는 소리라며 시치미를 뚝 뗐어요.

"서재에서 일어난 소란은 그렇다고 쳐요. 하지만 제가 무슨 수로 그 무거운 돌덩이를 옮기겠어요?"

"당신이 옷 방에 있다 나온 게 바로 다음 증거죠."

"뭐라고요?"

고구마 탐정은 옷걸이를 이용해 도르래를 만들고, 그걸로 라의 심장을 천장에 난 창문 밖으로 빼낸 거라고 설명했어요.

파라오와 나뚱뚱 경감이 거의 동시에 말했어요.

"아뇨, 옷걸이와 실을 감아 두는 실패만 있으면 제법 튼튼한 도르래가 돼요. 먼저 옷걸이를 풀어 각각 실패를 꿰어 넣고 다시 원래 모양으로 만들어요. 그리고 등받이를 마주 보도록 의자 두 개를 세워 놓고 위에 긴 막대기를 걸쳐 놓아요. 이 막대기에 옷걸이 하나를 고정시킨 다음 노끈으로 책을 묶고, 다른 쪽 끝을 실패 두 개 너머로 넘기면 도르래가 완성될 겁니다."

"헉!"

"옳거니, 그러면 작은 힘으로도 무거운 돌을 옮길 수 있겠군!"

나뚱뚱 경감과 파라오가 감탄한 듯 외쳤어요. 고구마 탐정은 나집사에게 이제 모든 건 다 밝혀졌다며 순순히 범행을 인정하라고 했지요.

"단서는 이것 말고도 있어요. 괴도 팡팡의 범행 예고장! 거기에 보면 '깐깐하고 고집스러운 파라오 씨', '어리석은 파라오 씨' 등 당신이 평소 파라오 씨에 대해 생각하던 내용이 그대로 적혀 있어요."

"뭐야?"

그 말을 들은 파라오가 두 눈을 부릅떴지요.

그때 파미라가 소리쳤어요.

"그만해요! 사실 나집사는 나 때문에 라의 심장을 훔친 거예요."

"뭐, 뭐라고?"

"내가 라의 심장을 훔친 다음 그걸 돌려주는 대가로 우리 결혼을 허락해 달라고 말해 보자고 했단 말이에요!"

파미라의 말에 파라오가 멈칫했어요.

"죄송합니다, 주인님. 사실 저는 파미라 아가씨와 사랑하는 사이였습니다."

나집사가 연거푸 고개를 숙이며 죄송하다고 사과를 했지요.

"그, 그렇다면 라의 심장은 어디 있는 거지?"

"피라미드 저택의 꼭대기에 잘 놓아두었습니다."

나집사는 이 모든 일이 자기 책임이라며 사과하고 또 사과했어요. 그러자 파미라는 더 이상 사과하지 말라며 나집사를 껴안았지요.

나뚱뚱 경감은 파미라와 나집사의 사랑을 응원하겠다며 엄지손가락을 척 치켜들었어요. 고구마 탐정도 나집사가 무척 좋은 사람인 것 같다고 말했지요.

 그 말을 들은 파라오는 모든 것을 없던 일로 하겠다며 나집사를 용서했답니다.

도전! 고구마 탐정의 과학 추리 퀴즈
밀실 알리바이를 깨라

오동통 형사가 부랴부랴 고구마 탐정을 찾아왔어요. 아주 해결하기 힘든 복잡한 사건이 생겼다지 뭐예요. 과연 어떤 사건일까요?

김아무개 씨가 금고에 보관해 둔 보석이 사라졌다네. 범인으로 의심되는 사람은 딱 한 명, 그의 조카이지.

하지만 전 알리바이가 있어요. 삼촌의 집엔 텔레비전이 나오는 방이 딱 한 군데밖에 없죠.

바로 금고와는 반대편에 있는 방이에요. 저는 어제 그곳에서 텔레비전을 보았다고요.

금고가 있는 서재에도 텔레비전이 있지만, 안테나가 고장이 나서 방송이 나오지 않소.

서재에 있는 텔레비전은 안테나가 고장 나서 방송이 나오지 않아요. 하지만 반대편에 있는 방에서는 텔레비전을 볼 수 있지요. 방송의 내용도 술술 꿰고 있는 조카, 조카는 어떻게 알리바이도 만들고 서재에서 보석도 훔친 걸까요? 사건의 열쇠는 바로 '옷'이에요.

※ 다음 숨은 그림에서 힌트를 찾으세요!

숨은그림찾기 — 옷걸이, 장도리, 못, 털실, 안경, 파이프, 바늘

옷이 단서라고요?
옷을 이용해 안테나가 고장 난 텔레비전을
고쳤다는 뜻인가요?

아니요. 옷 말고 옷걸이를 이용하면
안테나를 만들 수 있죠.

사건 해결!

서재에는 안테나가 고장 난 텔레비전,
그리고 옷을 걸 수 있는 옷걸이가 있었죠. 김아무개 씨의
조카는 옷걸이를 이용해 임시 안테나를 만든 거예요.

탐정이 되기 위해 꼭 알아야 할 과학 원리
옷걸이로 임시 안테나 만드는 방법

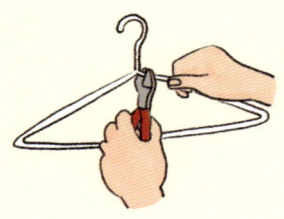
1. 옷걸이의 윗부분을 자른 후 직선으로 편다.

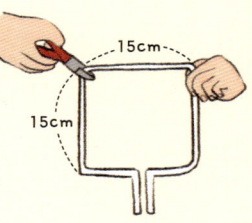
2. 펼친 옷걸이를 한 변의 길이가 15센티미터인 정사각형으로 만든다.

8. 채널을 검색해 방송 수신 상태를 확인한다.

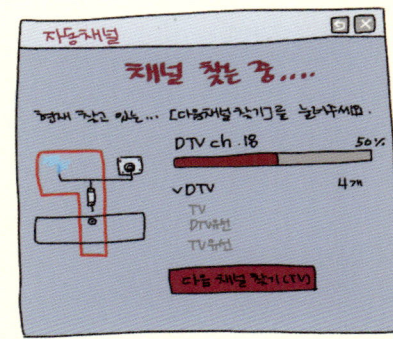

와, 이런 방법으로 텔레비전을 볼 수 있다니!

대신 이 방법으로는 지상파 방송만 볼 수 있어요.

전파에는 직파, 지상파, 공중파 세 가지가 있어요.

직파는 옥상이나 바깥에 안테나를 설치해야만 텔레비전으로 연결이 가능한 전파이지만 지상파는 달라요. 지상파는 대지 표면을 따라 전달되는 무선파이기 때문에 근처에 송신탑만 있으면 넓은 지역으로 퍼져 나가지요.

우리가 알고 있는 MBC, KBS 같은 방송 채널은 지상파로 송출되는 방송이에요. 그러니 특별히 안테나 장치를 달지 않아도 쉽게 연결해서 볼 수 있는 것이지요. 지상파라는 이름도 송신탑에서 땅으로 전파를 쏘아 주기 때문에 붙여진 이름이랍니다.

<교과 연계>

6학년 2학기 과학 1. 전기의 이용

미스터리 사건 파일 #2

용용 신의 비밀을 밝혀라!

추리 열쇠
일상생활에서 사용되는 전기의 성질

고구마 탐정이 길을 걷고 있을 때였어요. 낯선 중년의 여성이 무서운 얼굴로 고구마 탐정에게 불쑥 "용용 신을 믿어야 합니다."라고 말하지 뭐예요.

고구마 탐정은 난데없는 말에 픽 코웃음을 쳤어요.

"용용 신? 그건 또 무슨 신이래요?"

"용용 신은 엄청난 능력이 있는 신이에요! 용용 신을 믿지 않으면 불행이 닥칠 겁니다."

"네?"

고구마 탐정이 어이없는 표정을 지을 때였어요. 갑자기 하늘에서 무언가 뚝 떨어졌지요.

"으악, 이게 뭐야!"

그건 바로 새똥이었어요.

"거봐요, 이게 용용 신의 능력입니다! 용용 신은 물을 다스리는 능력이 있는 신입니다. 그분을 화나게 하면 엄청난 벌을 받게 될 것입니다."

"아주머니, 이건 그냥 재수가

없는 거라고요!"

고구마 탐정은 새똥을 훔치며 버럭 소리쳤어요.

그런데 고구마 탐정의 불행은 그 후로도 계속됐어요. 길을 가다가 돌부리에 걸려 넘어지는가 하면, 느닷없이 물벼락을 맞기도 했어요. 유리창 청소를 하느라 뿌린 물을 맞고 옷이 엉망이 되어 버렸지요.

"이게 다 무슨 일이람!"

　물에 빠진 생쥐 꼴이 된 고구마 탐정은 하늘을 찌릿 째려보았어요. 잠깐이지만 진짜 용용 신이 저주라도 내린 건가, 하는 생각이 들 정도였어요.
　그렇게 재수 없는 하루를 보낸 고구마 탐정이 간신히 탐정 사무소로 돌아왔을 때의 일이에요. 누군가 탐정 사무소 앞을 기웃거리는 모습이 보였어요. 고구마 탐정은 그 사람이 누군지 아주 잘 알고 있었지요.

"어굴한 씨!"

"앗, 고구마 탐정님!"

그는 바로 고구마 탐정의 탐정 사무소 앞에 있는 생선 가게 주인이었거든요. '어굴한 생선 가게'는 싱싱하고 통통한 생선을 파는 가게로 아주 유명했어요.

동네 사람들은 어굴한을 볼 때마다 이른 새벽부터 밤늦도록 부지런히 일하는 사람이라며 입에 침이 마르도록 칭찬을 아끼지 않았지요.

고구마 탐정도 어굴한의 가게에 들러 생선을 산 적이 있답니다. 그때마다 밝은 얼굴로 인사를 하던 어굴한의 모습이 떠올랐어요.

"사장님이 여긴 어쩐 일이에요?"

"도움을 청하고 싶어서 찾아왔어요."

"무슨 일이신데요?"

사무소 의자에 앉은 어굴한이 서글픈 표정을 지으며 입을 열었어요.

"요즘 생선 가게 장사가 잘 안돼요."

"헉, 왜요?"

"아침까지만 해도 싱싱하던 생선이 갑자기 썩어 버리는가 하면, 틀림없이 깨끗한 물을 받아 둔 수조가 더럽혀져 있기도 하고, 생선에 뿌릴 소금을 누군가 훔쳐 가 버리기도 하지 뭐예요. 덕분에 생선이 상해서 팔 수 없게

된 적도 있지요."

"대체 무엇 때문에요?"

고구마 탐정이 묻자 어굴한이 잠깐 망설이다가 대답했어요.

"제 친구의 말에 따르면 이게 다 신의 저주 때문이래요."

"컥!"

"용용 신이라고…… 물을 다스리는 특별한 신이 있는데, 제가 그 신을 믿고 따르지 않아서 벌을 받은 거래요."

순간 고구마 탐정은 아까 보았던 낯선 아주머니의 얼굴이 떠올랐어요.

이렇게 단호하게 외치던 아주머니의 무서운 얼굴이 떠오르자 몸의 털이 바짝 곤두서는 느낌이었지요.

"용용 신을 믿어야 합니다!"

"주변에 용용 신을 믿는 사람이 있나요?"

"제 친구인 맹신해요! 그 친구는 무슨 일을 하든 용용

신을 찾아요. 밥을 먹을 때도 '용용 신님, 감사합니다!'라고 인사를 하고, 길을 가다가도 용용 신에게 인사를 해야 한다며 물만 보면 넙죽 절을 한다니까요."

"어허, 그 용용 신이라는 게 대체 뭐길래!"

고구마 탐정이 탄식하자 어굴한은 용용 신에 관해 알고 있는 것들을 털어놓았어요.

"용용 신은 전기를 일으키는 물의 신이래요. 마음만 먹으면 이 세상의 모든 전기를 사라지게 할 수도 있다더군요."

"세상에!"

더욱 기가 막힌 건 어굴한의 친구인 맹신해는 입버릇처럼 "용용 죽겠지!"라는 말을 달고 산다는 것이었어요. 맹신해는 그 말을 자주 하면 할수록 큰 복을 얻게 된다고 철석같이 믿고 있다고 했지요.

고구마 탐정은 맹신해를 한번 만나 보기로 했어요.

"부디 예전의 착하고 건실했던 맹신해를 되찾아 주세요, 고구마 탐정님!"

어굴한은 울먹이며 부탁했어요.

다음 날, 고구마 탐정은 어굴한의 생선 가게로 찾아갔어요.

그런데 가게 안이 시끌시끌 소란스러웠지요.

"아니, 이런 생선을 팔면 어떡해요?"

"이게 다 여러분이 용용 신을 믿지 않기 때문이라고요!"

"용용 신이 뭔지 몰라도 이렇게 질 나쁜 생선을 팔면 안 되는 거잖아요."

"흥, 용용 신을 믿지 않으면 평생 썩은 생선만 먹게 될 겁니다."

손님들과 옥신각신 싸우고 있는 사람은 어굴한의 친구이자 생선 가게의 아르바이트생인 맹신해였어요.

맹신해는 수조 속에 산소가 부족해져서 생선들이 죽게 된 것을 어굴한의 탓으로 돌렸어요. 어굴한이 용용 신을 믿지 않기 때문에 자꾸 재수 없는 일이 벌어진 것이랬지요.

"아뇨, 이번 일은 용용 신의 저주가 아닙니다."

고구마 탐정이 나섰어요.

"뭐라고요?"

고구마 탐정은 어이없는 표정을 짓는 맹신해에게 산소를 공급해 주는 호스를 잘 들여다보라고 했어요.

"그게 왜요?"

"자세히 보면 누군가 가위로 싹둑 잘라 놓았다는 걸 알 수 있을 거예요. 그러니까 이건 신의 저주가 아니라 누군가 고약한 장난을 친 겁니다."

"흥, 그럴 리가!"

맹신해는 자기 두 눈으로 직접 확인해 보겠다며 수조 쪽으로 성큼 다가갔어요. 그러자 고구마 탐정의 말대로 수조 속에 산소를 공급해 주는 호스가 댕강 잘려 있는 게 보였지요.

 고구마 탐정은 호스를 살펴보는 맹신해의 표정을 조심스레 관찰했어요. 맹신해는 몹시 놀란 표정이었지요.

 '흠, 수조를 망가뜨린 건 맹신해의 짓이 아니군. 호스가 잘려져 있다는 걸 전혀 모른 눈치잖아.'

놀란 표정을 짓던 맹신해는 곧 마음을 가다듬은 듯 고개를 번쩍 치켜들었어요.

"아니, 이건 용용 신의 저주예요!"

"설마 신이 가위를 이용해 직접 호스를 잘랐다고 생각하는 건 아니겠죠? 솔직하게 말해요, 맹신해 씨. 생선을 구경하겠다며 수조 가까이 다가갔던 사람은 없나요?"

고구마 탐정이 매섭게 묻자 맹신해가 머리를 긁적였어요.

"없었어요, 그런 사람은……."

하지만 우물쭈물하는 맹신해의 표정이 어딘가 수상쩍었어요. 누군가 의심스러운 사람이 머릿속에 떠오른 듯한 표정이었지요.

다시 말해 봐요.
누구죠, 수조 앞에 있던 수상한 사람이?

고구마 탐정이 따지듯 묻자 맹신해는 안내자라는 사람이 아침부터 수조 앞에서 무언가를 만지작거리는 걸 보았다며 고개를 푹 숙였어요.

"안내자? 그 사람이 누군데요?"

"하지만 그분은 절대 아닐 거예요. 저에게 용용 신의 존재를 알려 준 고마운 분이란 말이에요!"

"흠, 더욱 의심스러운데?"

고구마 탐정은 안내자를 데려오라고 말했어요.

이윽고 쿵쾅거리는 요란한 발소리와 함께 매우 시끄러운 소리가 울렸지요.

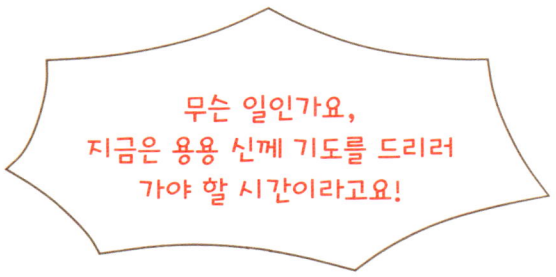

무슨 일인가요,
지금은 용용 신께 기도를 드리러
가야 할 시간이라고요!

고구마 탐정은 안내자의 목소리를 듣고 단번에 누구인지 알 수 있었어요. 안내자는 바로 고구마 탐정에게 용용 신을 믿지 않으면 저주가 내릴 거라고 무섭게 말하던 아주머니였어요.

"솔직히 말해요, 안내자 씨가 수조를 고장 낸 거죠?"

"무슨 소리! 이건 용용 신의 저주라고!"

안내자는 발끈했어요.

"아니, 어굴한 씨의 생선 가게가 요즘 엉망이 된 건 다 안내자 씨가 꾸민 짓일 거예요. 그렇게 해서라도 어굴한 씨가 용용 신을 믿게 만들려고 그런 거죠?"

순간 안내자가 눈썹을 꿈틀거렸어요. 사실을 들키자 자기도 모르게 뜨끔해서 그런 것이었지요.

"흥, 용용 신을 믿지 않으면 저주가 내릴 것이야!"

안내자는 고구마 탐정 주위를 빙글빙글 돌며 "용용 죽겠지, 용용 죽겠지." 하고 이상한 주문을 외웠어요.

고구마 탐정은 세상에 그런 신은 없다고 말했지만, 안내자와 맹신해는 오히려 화를 내며 용용 신의 저주를 맛보게 해 주겠다고 했지요. 고구마 탐정은 물도 없이 고구마를 백 개쯤 삼킨 듯한 답답함이 밀려들었어요.

'두고 봐. 거짓으로 사람들을 속이는 엉터리 용용 신의 정체가 무엇인지 밝혀 주겠어!'

고구마 탐정은 용용 신을 만나 직접 담판을 짓기로 마음먹었어요.

이튿날, 고구마 탐정은 알파독, 어굴한과 함께 용용 신을 모시는 용용 신전을 찾아갔어요.

그곳에는 수많은 사람이 모여 있었지요.

"힉, 이 사람들이 다들 말도 안 되는 용용 교를 믿는단 말이죠?"

"말도 안 되는 얘기를 믿는 사람이 이렇게 많다니!"

그때 안내자가 고구마 탐정 앞으로 다가왔어요.

"용용 신님 앞엔 전기 제품을 갖고 들어가선 안 돼요."

"왜요?"

"그분은 물과 전기를 다스리는 신이니까요. 전기 제품을 갖고 다니면 전기에 감전될 수도 있다고요."

고구마 탐정과 어굴한은 갖고 있던 휴대폰을 내놓았

어요. 그러자 안내자가 씨익 웃으며 따라오라고 말했어요.

얼마나 갔을까요. 고구마 탐정은 의자에 앉아 있는 사람들을 보고 멈칫했어요. 모두 설레는 표정으로 누군가를 기다리는 듯했지요.

"저 사람들은 이제부터 용용 신을 믿기로 한 사람들이랍니다. 용용 신을 만나기 위해 기다리고 있는 거예요."

안내자는 신기한 걸 보여 주겠다며 고구마 탐정과 어굴한에게 잠깐 기다리라고 했어요. 그러고는 의자에 앉아 있던 사람들에게 차례대로 종이컵을 나눠 주었지요. 고구마 탐정이 쩝 하고 입맛을 다시자 안내자는 마지못한 표정으로 두 사람에게도 종이컵을 내밀었어요.

"받으세요."

"이런, 안 그래도 목이 말랐는데!"

고구마 탐정과 어굴한이 냉큼 종이컵을 받아 들자 안내자는 김이 나는 뜨거운 찻주전자를 가져왔어요.

"이 차는 용용 신의 눈물을 모아 만든 것입니다. 용용 신을 믿는 사람들에겐 기적이 보일 것이고 믿음이 부족한 사람들에겐 절대 기적이 보이지 않을 겁니다."

안내자는 사람들에게 종이컵을 나눠 주고, 한 사람씩 차를 따라 마시도록 했어요. 그러자 놀라운 일이 벌어졌어요.

사람들이 들고 있던 흰색 종이컵의 색깔이 빨갛게 변하기 시작한 거예요. 하지만 몇몇 사람들의 종이컵은 색깔이 그대로였지요. 고구마 탐정과 어굴한의 종이컵도 색깔이 변하지 않았지요.

"종이컵의 색깔이 바뀌지 않은 사람

들은 용용 신에 대한 믿음이 부족한 거예요!"

"오, 용용 신이여!"

그 말을 들은 사람들은 용용 신의 능력을 믿는다며 엎드려 큰절까지 했어요. 그 모습을 본 어굴한이 고구마 탐정에게 귓속말로 속삭였지요.

"탐정님, 아무래도 용용 신이 신비한 능력이 있긴 있나 봐요."

그 말을 들은 고구마 탐정이 이를 악물며 낮은 목소리로 대꾸했어요.

"아뇨, 용용 신은 가짜예요!"

하지만 저 사람들의 종이컵 색깔이 바뀌었잖아요.

흥! 저런 속임수쯤은 마음만 먹으면 얼마든지 할 수 있다고요.

고구마 탐정은 자신이 그 속임수를 밝혀내고 말리라 다시 한번 다짐했지요. 그때 안내자가 고구마 탐정과 어굴한을 향해 손짓했어요.

"이리 오세요."

안내자는 커다란 수조 앞에 멈추어 섰어요. 그 수조는 까만 천으로 가려져 있어서 안이 보이지 않았지요.

"저게 대체 뭔가요?"

고구마 탐정이 묻자 안내자가 자랑스럽게 대답했어요.

"저것은 바로 용용 신님의 위대함을 보여 주는 수조랍니다."

바로 그때 용용 신이 나타났어요.

하얗게 센 머리카락과 수염을 도사처럼 늘어트린 용용 신은 인자한 미소를 지으며 사람들을 향해 손을 흔들었지요. 그러자 사람들은 용용 신을 향해 큰절을 올리고 "용용 죽겠지, 용용 죽겠지!"라고 외쳤어요.

"나의 아들딸들아! 기적을 보여 주마!"

용용 신은 검은 천으로 뒤덮인 수조를 만졌어요. 그러

자 수조 옆에 세워 둔 크리스마스트리 같은 나무의 전구가 반짝반짝! 마치 번개가 몰아치듯 수조 안에서 전기가 찌리릭 뿜어져 나오는 것 같았어요.

"오, 신께서 기적을 보이셨다!"

"용용 죽겠지!"

사람들은 용용 신의 기적이 일어났다며 엎드려 절을 했어요. 하지만 고구마 탐정만은 심드렁한 얼굴로 용용 신을 노려보았지요.

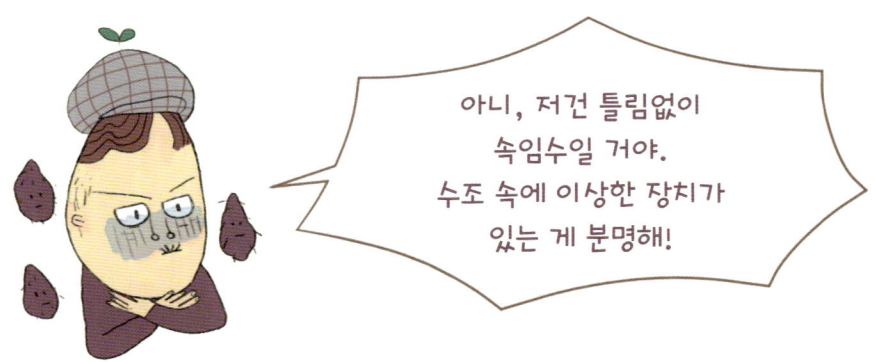

아니, 저건 틀림없이 속임수일 거야. 수조 속에 이상한 장치가 있는 게 분명해!

고구마 탐정이 소리치자 용용 신이 말했어요.

"거기, 의심이 많은 젊은이여. 내게 가까이 오라."

"저, 저 말인가요?"

"그래, 마치 고구마 백 개를 집어삼킨 듯 답답한 표정을 짓고 있는 자네 말일세."

그 말을 들은 어굴한이 깜짝 놀라 외쳤어요.

"역시, 대단해요! 고구마 탐정의 정체까지 모두 알아내다니!"

"흥!"

고구마 탐정은 주먹을 꽉 쥔 채 용용 신 앞으로 다가갔어요. 그러자 용용 신은 수조 안을 마음대로 살펴보아도 좋다고 말했지요.

"정말인가요?"

난 그 어떤 속임수도 쓰지 않았다네.
그러니 자네가 수조를 아무리 찾아보아도
수상한 점을 발견할 순 없을 거야.

용용 신이 수조를 가리고 있는 검은 천을 벗겼어요. 맑은 수조 안에는 물고기들이 가득했지요. 그런데 많은 물고기가 기절하여 간신히 숨을 쉬고 있는 것처럼 보였어요.

"내가 신비한 힘을 보인 것이 아니라면 이 물고기들이 어떻게 전기를 일으키겠나. 설마 물고기는 전기를 만들 수 없다는 사실조차 모르진 않겠지?"

용용 신의 물음에 고구마 탐정은 말문이 꽉 막혔어요.

용용 신은 고구마 탐정에게 자신의 특별한 능력을 더 보여 주겠다며 나무젓가락을 종이컵 위에 올려놓았어요. 그리고 이상한 주문을 외우고 손을 갖다 대자 나무젓가락이 빙글빙글 돌기 시작했지요.

"헛!"

그 모습을 본 사람들이 납작 엎드려 절하기 시작했어요. 바로 그 순간, 용용 신이 움켜쥐고 있던 빨대의 끝부분이 아주 살짝 삐져나왔지요. 예리한 고구마 탐정은 그 순간을 놓치지 않았어요.

고구마 탐정은 골똘히 추리를 하기 시작했어요. 그러

종이컵과 빨대……,
이런 것들은 얼마든지 속임수를 쓸 수 있어.
그런데 수조에서 번개가 나오게 한 것은
어떻게 한 걸까?
이 부분을 풀지 못하면 용용 신의
거짓 능력을 밝혀낼 수 없는데……

자 고구마 탐정의 몸에서 달콤한 군고구마 냄새가 진동했지요.

"어머나, 이게 무슨 냄새지?"

코를 킁킁거리던 안내자가 고구마 탐정의 몸에 살짝 손을 갖다 댔어요. 그러자 찐득한 고구마 진액 같은 것이 묻어 나왔지 뭐예요.

"혹시 당신은 고구마의 신인가요?"

안내자가 한결 부드러워진 목소리로 고구마 탐정을 향해 물었어요.

"아뇨, 이분은 탐정인데요."

어굴한이 생각에 잠겨 있는 고구마 탐정을 대신해 대꾸했지요.

"저…… 고구마 탐정 씨? 우리와 손잡고 사람들을 이끌어 볼 생각은 없나요? 물의 신인 용용 신과 농작물의 신인 고구마 신! 이 둘이 힘을 합쳐 이 나라를 지킨다고 얘기하면 신자의 수가 몇 배는 늘어날 텐데요."

안내자의 말에 고구마 탐정이 쩝 소리를 내며 인상을 찌푸렸어요.

"그만하시죠. 이제 당신들의 속임수를 모두 알았으니."

"소, 속임수라고요?"

"그래요, 속임수. 바로 이 고구마 탐정이 당신들의 얕은 수법을 모두 알아냈단 말이죠."

안내자가 무슨 소리인지 도통 모르겠다며 시치미를 뚝 뗐어요.

"흥, 그렇다면 지금부터 하나하나 밝혀 드리죠."

고구마 탐정은 안내자가 들고 있는 종이컵을 휙 낚아

챘어요. 그리고 어굴한에게 얼른 뜨거운 물을 가져오라고 말했지요.

어굴한이 주전자에 담긴 물을 들고 오자 고구마 탐정이 종이컵에다가 일일이 물을 붓기 시작했어요. 그러자 어떤 컵은 색이 붉게 바뀌고, 어떤 컵은 색이 노랗게 바뀌었어요. 색이 바뀌지 않고 멀쩡한 것도 있었고요.

"자, 다시 여기에 찬물을 부어 보세요."

어굴한이 냉큼 뜨거운 물이 든 컵에 차가운 물을 붓자 컵의 색깔이 모두 원래대로 돌아왔어요. 그걸 본 사람들은 놀라서 입을 쩍 벌렸지요.

"이건 아주 간단한 속임수예요. 온도에 따라 색이 바뀌는 물감을 이용한 거죠. 당신들은 신도들에게 나눠 줄 종이컵에다가 미리 물감을 엷게 칠해 두었죠. 그리고 용용 신의 눈물이니 뭐니 하면서 뜨거운 차를 나눠 주었고요."

그 말을 들은 안내자가 용용 신의 눈치를 살폈어요. 용용 신이 아까부터 눈을 깜빡거리며 무언가 신호를 보내는 듯했지요.

용용 신과 눈빛을 주고받은 안내자가 목소리를 높이며 물었어요.

"그, 그렇다면 움직이는 나무젓가락은요?"

"아, 그건 아주 간단해요. 나무젓가락 속임수는 머리카락에 대고 수십 번 문지른 굵은 빨대만 있으면 가능하죠.

서로 다른 물체인 머리카락과 빨대를 문지르면 마찰 전기가 발생해 나무젓가락이 빨대를 따라 움직이며 빙글빙글 돌거든요."

고구마 탐정은 자기가 직접 보여 주겠다며 어굴한에게 빨대 하나를 던졌어요. 그러자 어굴한이 잽싸게 빨대를 낚아채 머리카락에 비비기 시작했지요. 그걸 그대로 나무젓가락에 갖다 댔더니 마치 도망이라도 치는 것처럼 빙글빙글 움직이지 뭐예요.

"보셨죠?"

"그렇다면 수조에서 전기가 뿜어져 나온 건 어떻게 설명

할 작정인가요?"

이번에는 맹신해가 소리쳤어요.

그러자 다른 신도들도 그걸 증명하기 전엔 고구마 탐정의 말을 믿을 수 없다며 맞장구를 쳤지요.

"그 비밀은 수조 안에 있는 물고기에 있답니다."

고구마 탐정은 수조 안에 있는 물고기들 가운데 몸이 두껍고 못생긴 물고기 한 마리를 가리켰어요.

"저건 전기뱀장어예요. 현존하는 어류 중에서 가장 높은 전기를 발생시킨다고 알려진 녀석이죠. 전기뱀장어는 먹잇감을 사냥할 때 약 650~850볼트의 전기를 내뿜어요. 화가 났을 때도 마찬가지고요."

고구마 탐정은 용용 신이 수조를 검은 천으로 가려 놓은 건 신도들 몰래 바짝 굶주린 전기뱀장어를 넣기 위해서라고 소리쳤어요.

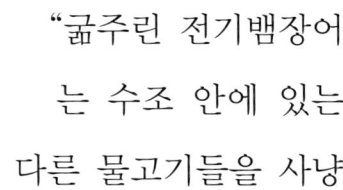

"굶주린 전기뱀장어는 수조 안에 있는 다른 물고기들을 사냥

하기 위해 전기를 내뿜겠죠. 바로 그 순간 용용 신이 마치 특별한 능력을 보인 것처럼 연기를 했던 거예요."

"가, 감히 용용 신의 기적을 의심하다니!"

안내자가 고구마 탐정의 말은 모두 거짓이라고 소리쳤어요. 그러자 맹신해와 다른 신도들도 그럴 리 없다며 고구마 탐정에게 비난을 퍼부었지요.

"여러분이 못 믿겠다면 이번엔 제가 전기를 만들어 보도록 하죠."

고구마 탐정은 막대기를 이용해 전기뱀장어를 공격하는 시늉을 했어요. 그러자 바짝 긴장한 전기뱀장어가 엄청난 전기를 내뿜었어요.

번쩍! 번쩍!

고구마 탐정 역시 용용 신처럼 전기를 만들어 낸 거예요. 그 모습을 본 신도들은 우왕좌왕했어요.

"힉, 다 들켰어! 도망쳐야 해!"

용용 신이 뒷걸음질하기 시작했어요.

고구마 탐정과 어굴한이 용용 신을 뒤쫓으려고 했어요.

 그런데 그때 안내자가 수조를 엎어 버렸지 뭐예요. 그 바람에 고구마 탐정과 어굴한은 용용 신을 놓치고 말았어요.
 "잡아야 해!"
 고구마 탐정이 소리치는 사이 용용 신은 비밀 통로로 달아나고 있었어요. 그런데 비밀 통로 안으로 들어간 용용 신이 뒷걸음치며 다시 나오기 시작하는 거예요.

잠시 뒤 비밀 통로에서 나뚱뚱 경감이 기어 나왔지요!

"경감님! 여긴 어쩐 일이세요?"

"난 여기 사기를 치고 달아난 지명 수배범이 있다는 신고를 받고 몰래 잡으러 왔다네."

나뚱뚱 경감의 말에 고구마 탐정은 당연히 용용 신이 사람들을 속인 사기범일 거라고 생각했어요.

그런데 비밀 통로에서 힘겹게 기어 나온 나뚱뚱 경감이 붙잡은 사람은 용용 신이 아니라 안내자였어요.

"안내자 씨, 당신을 사기 혐의로 체포합니다."

"그럼 용용 신은 어떻게 된 거죠?"

고구마 탐정이 용용 신을 쏘아보자 그가 훌쩍거리며 말했어요.

알고 보니 용용 신은 가난한 배우였어요. 모든 건 안내자가 꾸민 일이었지요.

잘못했어요. 모든 건 안내자가 시킨 일이에요. 난 그냥 연기만 하면 큰돈을 벌게 해 주겠다는 말에……

이렇게 나뚱뚱 경감의 활약 덕분에 도망치려던 가짜 용용 신도 붙잡았고, 모든 것을 꾸며 낸 안내자의 정체도 밝혀지게 됐답니다.

하지만 고구마 탐정은 어쩐지 억울했어요.

고구마 탐정은 입맛을 다시며 한숨을 내쉬었어요.

그때 어굴한이 자신과 맹신해를 도와준 보답으로 장어 파티를 열 테니 와 달라고 부탁했지요.

"윽, 당분간 장어든 뱀장어든 보고 싶지 않아요."

고구마 탐정은 아까 전기를 내뿜던 뱀장어를 떠올리며 손사래를 쳤어요.

도전! 고구마 탐정의 과학 추리 퀴즈
불타지 않은 지폐

김부자 씨가 고구마 탐정을 찾아왔어요. 그는 집에 도둑이 들어와 자기 돈을 모두 불태웠다며 눈물을 흘렸지요. 이 일을 어떻게 하면 좋을까요?

"흑흑, 고구마 탐정! 도둑들이 들어와 내 지폐에 불을 붙이고 도망갔다오. 난 이제 거지야!"

→ 김부자 씨에게 돈을 빌려준 나재벌 씨

"거지라고요? 그럼 나한테 갚기로 한 돈은 어떻게 되는 건가요?"

"방금 내가 하는 말 못 들었소? 도둑들이 내 돈을 모두 불태웠다고! 여기 그놈들이 돈을 불태우는 동영상도 있소."

"흥, 김부자 씨. 날 속이려고 했던 모양인데 어림없어요. 당신 돈은 그대로일 테니까."

분명 영상에서는 김부자 씨의 돈이 불타고 있었어요. 하지만 고구마 탐정은 그의 돈이 하나도 불타지 않았다는 걸 알아냈죠. 이게 어떻게 된 걸까요? 사건의 열쇠는 바로 '물'이에요.

※ 다음 숨은 그림에서 힌트를 찾으세요!

물이 힌트라고? 돈을 물에 적셔 두었기 때문에 불이 붙지 않은 건가?

맞아요. 하지만 그냥 물이 아니라 에탄올과 물을 3:1의 비율로 섞은 물이라서 지폐가 타지 않았던 거예요.

사건 해결!

김부자 씨는 돈을 미리 에탄올에 적셔 두었어요. 에탄올에 젖은 종이에 불을 붙이면 불은 금방 꺼지고 종이는 타지 않거든요. 하지만 위험할 수 있으니 절대 따라 하면 안 돼요.

탐정이 되기 위해 꼭 알아야 할 과학 원리
발화점의 비밀

아까운 돈을 태우다니, 무슨 짓이야!

걱정하지 마, 불길은 금방 사라질 테니까.

 발화점이란 열을 가했을 때 물질이나 물체에 불이 붙는 온도를 말해요. 발화점은 물질마다 달라요. 메탄가스는 537도, 부탄가스는 405도, 휘발유는 500도가 발화점이에요. 성냥 머리는 260도, 종이는 400도 정도이죠.

 에탄올과 물을 3:1의 비율로 섞은 물에 지폐를 담갔다가 건져서 불을 붙이면 에탄올만 공기 중으로 날아가고 지폐는 멀쩡한 것을 볼 수 있어요. 물이 들어 있는 종이컵을 불에 갖다 대면 물만 보글보글 끓을 뿐 종이컵은 타지 않지요.

 이런 현상은 지폐에 스며든 물이나 종이컵 안의 물이 열을 흡수해 버려서 온도가 발화점에 도달하지 못하기 때문이에요. 물이 모두 증발하고 나면 그때부터는 지폐나 종이컵이 불에 타기 시작한답니다.

〈교과 연계〉
3학년 1학기 과학 2. 물질의 성질

미스터리 사건 파일 #3

나잘난 셰프와 먹방 별튜버 마식왕

🔑 추리 열쇠
서로 다른 물질을 섞을 때 물질의 성질 변화

고구마 탐정은 길에서 우연히 나뚱뚱 경감과 오동통 형사를 만났어요. 둘은 고구마 탐정을 보자 어색하게 웃으며 유난히 반가운 척을 했지요.

"아이고, 여기서 딱 마주치다니! 이런 우연이 다 있나!"

"오, 오랜만이에요, 고구마 탐정!"

고구마 탐정은 팔짱을 낀 채로 쭈뼛거리는 둘을 살짝 노려보며 물었어요.

"두 분, 요즘 핫하다는 '잘난 레스토랑'에 가시려는 거죠?"

"헉, 그걸 어떻게!"

"설마 우릴 미행하고 있었던 건가, 고구마 탐정!"

나뚱뚱 경감과 오동통 형사의 눈이 휘둥그레졌어요. 둘은 나쁜 짓을 하다 걸린 아이처럼 빨개진 얼굴로 어쩔 줄 몰라 했지요.

고구마 탐정은 피식 웃으며 말했어요.

"별것 아니에요. 두 분의 행동을 보고 추리한 것일 뿐이니까요."

"우리 행동을 보고 추리했다고?"

"그래요. 단서는 세 가지. 첫 번째, 오동통 형사가 조금 전까지 별튜브를 보고 있었다는 점. 이건 저와 마주치기 전까지 휴대폰을 들여다보고 있었다는 것으로 유추해 냈죠. 고개를 푹 숙이고 같은 자세로 몇 분 동안 꼼짝도 하지 않는다는 건 별튜브 영상을 보는 것일 확률이 높죠."

"또?"

나뚱뚱 경감이 다음 단서가 뭐냐고 물었어요.

"두 번째, 둘의 눈빛이 지나치게 반짝인다는 점. 두 분은 먹을 걸 앞에 두고 있을 때 그런 눈빛을 내죠. 그리고 세 번째, 두 분이 아까부터 자꾸 시계를 확인한다는 점. 평소에 두 분은 느긋하기로 유명한 분들이잖아요. 그런 두 분이 서두르고 있다는 건 식당 예약 시간이 가까워져 오기 때문에 그런 거 아니겠어요?"

"컥!"

"제대로 맞혔어요!"

나뚱뚱 경감과 오동통 형사는 고구마 탐정의 예리한

추리에 감탄한 듯 입을 쩍 벌렸어요.

맞네, 우린 이 근처에 있는
'잘난 레스토랑'에 가기 위해 예약을 해 두었다네.
거긴 장사가 아주 잘되는 곳이라
최소 한 달 전에는 예약을 해야 갈 수 있지.

"기왕 이렇게 된 거 함께 가시겠어요?"

오동통 형사가 고구마 탐정의 손을 잡아끌었어요. 고구마 탐정은 못 이기는 척 오동통 형사의 손에 이끌려 식당으로 갔지요.

사실 잘난 레스토랑은 고구마 탐정도 꼭 한번 가 보고 싶은 곳이었어요. 언젠가 잘난 레스토랑의 셰프인 나잘난이 방송에 나와 세상에서 가장 맛있는 스테이크를 굽는 법을 설명한 적이 있는데, 그 모습을 보고 고구마 탐정은 자기도 모르게 군침을 삼켰더랍니다.

레스토랑 입구에 들어서자 사람들로 북적북적한 가게 안이 보였어요.

"와, 아직 10시밖에 안 됐는데 손님이 이렇게 많다니!"

"소문대로 정말 대단한 식당인가 봐요!"

손님들을 둘러보던 고구마 탐정은 두 눈을 휘둥그레 떴어요.

"엇, 저 사람은 마식왕이잖아!"

마식왕은 요즘 별튜브에서 가장 인기 있는 먹방 방송인이었어요. 때마침 잘난 레스토랑에서는 마식왕이 먹방 방송을 진행하고 있었지요.

"소문 들었어요? 마식왕은 돼지 한 마리를 통째로 먹을 수 있대요!"

"나도 그런 소문을 얼핏 들었어. 저 사람의 위장은 보통 사람보다 세 배, 아니 네 배는 더 클 거라더군. 정말 먹는 양이 어마어마하다더라고."

나뚱뚱 경감과 오동통 형사가 소곤거리며 마식왕을 바라보았어요.

"하하, 두 분도 먹방을 진행하면 마식왕 못지않게 큰 인기를 끌 거예요. 정말이지 두 분은 음식을 맛있게 드시

거든요."

고구마 탐정의 말에 오동통 형사가 두 눈을 반짝였어요.

"정말요?"

그때 마식왕이 콧소리를 내며 "음, 음, 최고! 최고!"라고 외쳤어요. 마식왕은 특유의 익살스러운 포즈로 음식의 맛을 표현하고 있었지요. 그 모습을 본 사람들은 너나 할 것 없이 서로 마식왕이 방금 먹은 음식을 주문하고 싶다고 소리쳤어요.

"음, 음! 여기 음식들은 정말 맛있어요! 진짜 킹왕짱! 최고, 최고!"

마식왕은 마치 진공청소기처럼 음식들을 먹어 치웠어요. 그걸 본 오동통 형사와 나뚱뚱 경감도 군침을 흘렸지요.

"아, 나도 빨리 먹고 싶다."

그때 종업원이 달려오더니 나뚱뚱 경감과 오동통 형사에게 고개를 꾸벅 숙이며 사과했어요.

"손님, 죄송하지만 조금만 더 기다려 주세요."

"아니, 어째서요?"

"손님들이 좀처럼 자리에서 일어나지 않으시네요. 자리가 비어야 안내를 해 드릴 수 있을 텐데······."

아니나 다를까, 식당에 모인 사람들은 음식을 먹느라 정신이 없었어요. 사람들은 하나같이 즐거운 표정이었지요.

나잘난이라는 요리사가 정말 대단하긴 한가 봐요. 사람들이 한 그릇만 먹어도 될 음식을 두 그릇, 세 그릇 계속 먹고 있잖아요.

나뚱뚱 경감과 오동통 형사는 군침을 삼키며 빈자리가 생기기만을 기다렸어요.

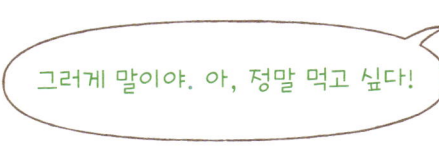
그러게 말이야. 아, 정말 먹고 싶다!

그런데 그때였어요.

"여러분, 이렇게 감격스러운 맛을 내는 음식이 과연 어떻게 만들어지는지 궁금하시죠? 제가 직접 주방으로 가서 나잘난 요리사님이 요리하는 모습을 실시간 라이브로 보여 드리겠습니다!"

갑자기 마식왕은 카메라를 들고 주방으로 향하려 했어요. 그러자 나잘난 요리사가 밖으로 나오더니 당황한 듯 다급히 말했지요.

"지금 주방이 너무 어수선하니 잠깐만 기다려 주세요."

"괜찮아요. 현장의 모습을 있는 그대로 보여 주는 거니까요."

마식왕은 호탕한 웃음을 지으며 주방으로 들어가려고 했어요. 그러자 나잘난이 다급히 마식왕을 붙잡았지요.

"그렇다면 잠시만, 우선 물을 한 잔 드시며 기다려 주세요."

"그러죠. 자, 여러분! 잠시 뒤 제가 나잘난 요리사의 주방으로 들어가 라이브 방송을 하겠습니다."

마식왕은 테이블에 앉아 휴대폰 카메라에 대고 말했어요.

그때 주방에서 나온 나잘난이 마식왕에게 물병을 거꾸로 내밀었지요. 마식왕은 카메라를 보느라 나잘난이 내민 물병을 제대로 보지 않고 받아 들었어요.

그 순간 물병에서 물이 콸콸 쏟아지기 시작했어요. 물은 순식간에 마식왕의 옷은 물론이고 카메라까지 적셔 버렸지요.

"앗, 내 카메라!"

물이 잔뜩 들어간 마식왕의 카메라가 고장이 나고 말았어요.

"이, 이게 어떻게 된 거지?"

"나잘난 요리사님, 혹시 일부러 물병을 거꾸로 준 거 아니에요?"

"그게 무슨 말도 안 되는 소리예요!"

나잘난은 자신이 물병을 내밀 때만 하더라도 물이 새지 않았다며 당황스러운 표정을 지었어요.

"여러분도 틀림없이 보셨죠? 제가 물병을 줄 때만 해도 물병에선 물이 한 방울도 새지 않았잖아요."

나잘난이 주변 사람들에게 호소하듯 말했어요. 그러자 사람들은 모두 고개를 끄덕이며 나잘난의 편을 들어 주었지요.

"제가 분명히 봤어요. 요리사님이 물병을 거꾸로 내밀긴 했지만, 물이 전혀 새지 않았다고요."

"맞아, 나도 봤어!"

사람들의 말에 마식왕은 머쓱한 표정을 지었어요.

사람들은 마식왕이 자기 인기만 믿고 나잘난 요리사에게 너무 억지를 쓰는 것 같다며 수군거렸어요. 딱 한 사람,

고구마 탐정만 그들의 이야기에 고개를 끄덕이지 않았지요.

"고구마 탐정, 자네 표정이 왜 그런가?"

"뭔가 심각한 일이 있는 것 같아요."

나뚱뚱 경감과 오동통 형사가 고구마 탐정을 툭 치며 물었어요.

"아무래도 나잘난이라는 사람이 수상해요. 마식왕에게 일부러 물을 쏟은 게 틀림없다고요."

"에이, 그럴 리가!"

"나도 두 눈으로 똑똑히 보았어. 나잘난이 마식왕에게 물을 건네줄 때 물이 단 한 방울도 흐르지 않았다고."

나뚱뚱 경감과 오동통 형사의 말에 고구마 탐정은 고개를 가로저었어요.

"저건 아주 간단한 속임수라고요."

"속임수?"

나뚱뚱 경감과 오동통 형사가 동시에 물었어요.

"그래요. 저 물병의 입구에는 크기에 맞게 잘라 붙인

양파 망이 붙어 있었을 거예요. 접착제로 양파 망을 붙이고 송곳으로 물병 아랫부분에 구멍을 뚫으면 준비는 끝나죠."

"어떻게?"

"물병에 물을 채운 뒤 구멍을 손가락으로 꽉 막고 조심스럽게 뒤집어서 그 상태 그대로 내밀면 돼요."

"그럼 어떻게 되는데?"

"물병에 뚫린 구멍에서 손가락을 떼기 전까지는 물이 쏟아지지 않아요. 하지만 손가락을 떼면 거꾸로 든 입구

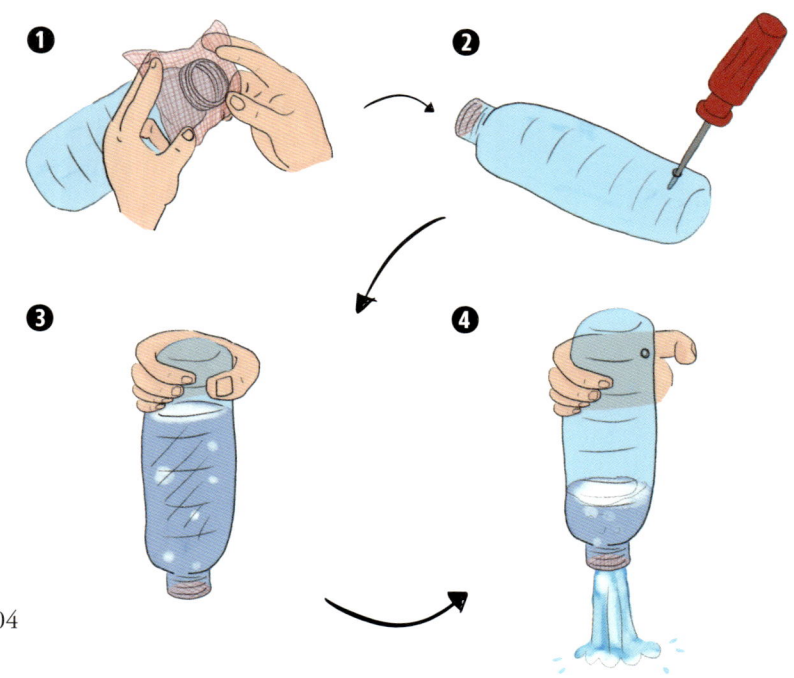

에서 물이 콸콸 쏟아지지요."

"그런 일이 가능하다는 건가?"

고구마 탐정이 당연하다는 듯 고개를 끄덕이며 설명했어요.

"양파 망을 병 주둥이에 붙이면 커다란 하나의 구멍을 여러 개의 작은 구멍으로 바꾸는 효과를 얻을 수 있어요. 그러면 물병을 뒤집어도 양파 망의 좁은 구멍으로는 물이 빠져나오지 못하지요."

"세상에!"

"하지만 송곳으로 병에 구멍을 뚫으면 주둥이가 좁아도 물이 쏟아져요. 송곳으로 뚫은 구멍을 통해 병 안으로 들어온 공기가 물을 밖으로 밀어내거든요. 손가락으로 이 구멍을 막으면 물은 다시 쏟아지지 않는답니다."

"그런 방법이 있다니!"

"압력을 이용한 거예요."

고구마 탐정은 손님들에게 일일이 인사를 하는 나잘난을 심상치 않은 표정으로 바라보았어요.

그때 마식왕이 나잘난에게 다가가 말했어요.

"나잘난 요리사님, 영상을 못 찍어도 상관없으니 주방을 구경하게 해 주세요."

"네?"

"뭐 어때요. 나잘난 요리사님이 직접 요리하는 모습을 제 두 눈으로 볼 수 있다면 그걸로 만족합니다. 설마 거절하진 않으시겠죠?"

마식왕이 눈빛을 날카롭게 빛내며 물었어요. 그러자 나잘난이 잠시 당황한 듯 움찔했지요.

"싫으신가요?"

마식왕이 다시 확인하듯 물었어요.

"아닙니다. 얼마든지 보여 드리죠."

"나잘난 요리사님의 훌륭한 요리가 탄생하는 순간을 드디어 확인하겠군요."

마식왕이 나잘난을 따라 주방으로 성큼 들어갔어요.

그때 종업원이 나뚱뚱 경감, 오동통 형사, 고구마 탐정을 정해진 자리로 안내하겠다고 말했지요.

드디어 자리에 앉은 고구마 탐정 일행은 무얼 먹으면 좋을까 하고 메뉴판을 들여다보았어요.

"난 이걸로 정했네!"

"난 이거!"

나뚱뚱 경감과 오동통 형사는 요리 중에 가장 크고 양이 많은 걸 골랐어요. 고구마 탐정도 무얼 먹을까 하고 메뉴판을 들여다보았지요.

그때 주방에서 퍽 하는 소리가 들려왔어요. 소리가 어찌나 큰지 밥을 먹던 사람들이 모두 주방 쪽을 보았을 정도였지요.

"무슨 소리지?"

그때 주방에서 보조 요리사 우울해가 부리나케 뛰어나와 다급한 목소리로 외쳤어요.

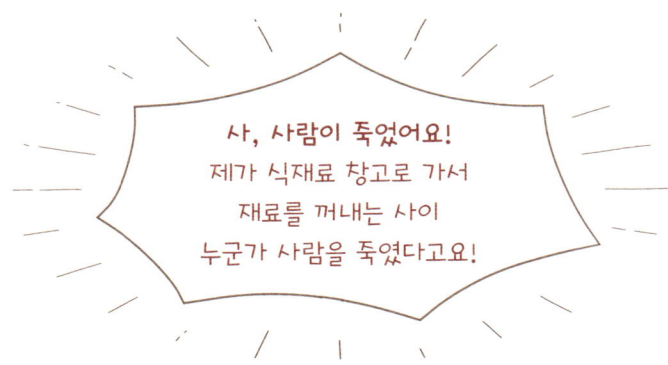

사, 사람이 죽었어요!
제가 식재료 창고로 가서
재료를 꺼내는 사이
누군가 사람을 죽였다고요!

"뭐라고요?"

나뚱뚱 경감, 오동통 형사, 고구마 탐정은 동시에 주방으로 달려갔어요. 그 자리엔 나잘난과 마식왕이 쓰러져 있었어요.

"요리사님, 괜찮으세요?"

"마식왕 씨, 정신 차리세요!"

나뚱뚱 경감은 나잘난 요리사를 흔들어 깨우고, 오동통 형사는 마식왕의 뺨을 툭툭 쳤어요.

다행히 두 사람 다 생명에는 지장이 없는 상태였지요. 어떤 충격으로 인해 잠깐 의식을 잃고 기절한 것뿐이었어요.

얼마나 시간이 지났을까. 나잘난이 부스스 눈을 떴어요.

"나잘난 요리사님, 대체 무슨 일입니까?"

"저도 모르겠어요. 누군가 갑자기 주방으로 들어와 우릴 공격하고 사라졌어요."

나잘난이 힘겹게 말을 이었어요.

"대체 누가요?"

"누군지 모르겠어요. 덩치가 크고 검은 옷을 입었다는 것밖엔……."

나잘난은 자신은 공격을 피해 크게 다치지 않았지만 마식왕은 프라이팬으로 머리를 세게 얻어맞았다고 했어요.

"당장 밖으로 나가 범인을 찾아보자고!"

나뚱뚱 경감과 오동통 형사는 범인을 쫓아 밖으로 나가려 했어요. 그때 고구마 탐정이 말했지요.

"잠깐만요, 우리 중 누구도 주방으로 들어가는 수상한 사람을 보지 못했어요."

"우리가 메뉴판을 보고 있는 사이 몰래 들어갔을지도 모르잖아."

나뚱뚱 경감이 말했어요.

"그렇다 하더라도 다른 손님 중에 누군가는 틀림없이 보았을 거예요. 이 음식점은 안에도, 밖에도 수많은 손님이 있으니까요."

"그렇긴 하지."

나뚱뚱 경감이 고개를 끄덕였어요.

"밖으로 나가 손님들 중 수상한 사람을 본 사람이 있는지 살펴보자고요."

그때 보조 요리사 우울해가 고개를 갸웃거렸어요.

"왜 그러시나요?"

고구마 탐정이 묻자 우울해는 마식왕이 쓰러진 자리에서 어떤 글자를 보았다고 했어요.

"글자?"

"마식왕이 키친타월에 무슨 글자를 써 두었던 것 같은데……."

그때 나잘난이 우울해의 말을 자르며 말했어요.

"보긴 뭘 보았다는 거야! 당장 가서 설거지나 해!"

"알겠습니다……."

우울해는 고개를 푹 숙이며 설거지통 앞으로 향했어요. 그 모습을 본 고구마 탐정의 표정이 딱딱하게 굳었지요.

"왜 말을 못 하게 하시는 거죠?"

고구마 탐정이 나잘난에게 따지듯 물었어요.

"내가 말을 못 하게 했다고요? 우울해의 말은 전혀 쓸모가 없어서 그래요. 이 친구는 그저 주방에서 허드렛일을 하는 보조일 뿐이니까요."

"우울해 씨, 당신이 본 글자가 무엇이었습니까?"

고구마 탐정이 나잘난의 말을 가로막으며 물었어요.

"글쎄요. 너무 갑작스럽게 일어난 일이라 기억이 잘 나지 않아요."

"거봐요. 이 친구는 아무것도 모른다니까요."

나잘난이 고구마 탐정의 앞을 막아섰어요.

"잠깐! 가…… 앞 글자가 '가'였어요."

우울해의 말을 들은 나뚱뚱 경감과 오동통 형사가 '가'로 시작하는 말이 무엇일지 생각하기 시작했어요.

"가지?"

"가시?"

"가족도 있고 가오리도 있지."

"가수도 있고요."

나뚱뚱 경감은 마식왕이 가족이라는 메시지를 쓰려던 게 틀림없다고 추리했어요. 오동통 형사는 당장 나잘난과 마식왕의 가족들을 조사해 보자고 했지요. 그때 고구마 탐정이 추리를 시작했어요.

순간 달콤한 군고구마 냄새가 주방에 확 풍겼어요.

우울해가 군침을 삼키며 고구마 탐정 곁으로 다가갔지요.

"이렇게 맛있는 냄새는 처음이에요!"

"그렇다고 고구마 탐정을 먹을 수는 없습니다."

나뚱뚱 경감이 입맛을 다시는 우울해를 향해 말했어요.

추리를 끝낸 고구마 탐정이 우울해에게 식재료 창고에 레몬이 있는지 물었어요.

"레몬이요? 레몬은 언제나 저희 주방에 있는 재료예요."

그때 대화를 듣고 있던 나잘난이 불쾌한 표정을 지으며

그만 주방에서 나가 달라고 소리쳤지요.

"마식왕이 남기려 했던 메시지만 확인하면 나갈 겁니다."

"이 사람이 메시지를 남겼다는 증거도 없잖아요!"

"지금부터 확인할 겁니다."

고구마 탐정의 말에 나잘난은 인상을 확 찌푸렸어요. 고구마 탐정은 코트 주머니 속에서 아이오딘 용액이 든 병을 꺼냈어요. 그리고 깨끗한 면봉에 아이오딘 용액을 몇 방울 묻힌 다음 키친타월에 갖다 댔어요. 그러자 하얀 키친타월 위에 갑자기 보라색 글자가 나타났지요.

"가……짜, 요리……사?"

키친타월에는 '가짜 요리사'라는 글자가 나타났어요.

"누구더러 가짜 요리사라는 거지?"

나뚱뚱 경감이 말했어요. 그 말에 고구마 탐정이 대꾸했어요.

"이 식당에 요리사는 나잘난 씨밖에 없으니까 당연히 나잘난 씨를 두고 하는 말이겠지요."

"지, 지금 나더러 가짜라고 한 겁니까? 이 나라에서 가장 유명한 요리사인 내게 감히 그런 말을 하다니요!"

나잘난이 불쾌하다며 소리를 버럭 내질렀어요.

"하지만 마식왕 씨가 남긴 메시지에 그런 말이 있는 걸 보면 의심해 볼 만한 문제라고 생각합니다. 정말 요리를 할 줄 아는 게 맞습니까?"

나뚱뚱 경감은 나잘난에게 진짜 요리를 할 줄 아느냐고 물었어요.

나잘난은 당연한 거 아니냐며 버럭 소리쳤지요. 하지만 목소리가 아주 가늘게 떨리고 있었어요.

"음, 아무래도 이상하군."

"이 자리에서 직접 요리를 해 보시는 건 어때요?"

나뚱뚱 경감과 오동통 형사가 나잘난에게 직접 요리를 해 보라고 말했어요.

"그, 그런 일을 시키다니!"

나잘난은 버럭 화를 낼 뿐 요리를 하지 못했어요.

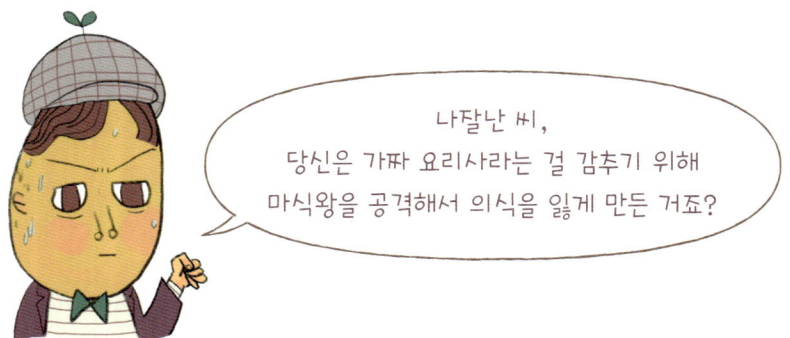

나잘난 씨, 당신은 가짜 요리사라는 걸 감추기 위해 마식왕을 공격해서 의식을 잃게 만든 거죠?

"난 아니에요!"

"당신이 가짜라는 증거는 얼마든지 있습니다. 이 주방의 조리 도구들이 걸려 있는 위치를 보세요. 당신의 키보다 한참 낮은 곳에 걸려 있죠? 보통 요리사들은 자신이 팔을 뻗기 편한 곳에 조리 도구를 걸어 둡니다. 이것은 당신의 키와 맞지 않아요."

고구마 탐정의 말에 나잘난이 털썩 주저앉았어요.

"아니야, 난 진짜 요리사라고!"

그때 쓰러져 있던 마식왕이 눈을 떴어요.

"윽, 맞습니다……. 저 사람은 가짜 요리사예요. 누군가가 저에게 나잘난이 가짜 요리사라는 제보를 했습니다. 저는 그걸 확인하기 위해 이 레스토랑에서 먹방을 촬영하기로 한 것입니다."

마식왕의 말을 들은 나잘난은 모든 게 끝이라는 듯 허탈한 표정으로 고개를 끄덕였어요.

"맞아요. 난 사실 요리를 할 줄 모릅니다."

나잘난의 말에 나뚱뚱 경감과 오동통 형사가 두 눈을

휘둥그레 떴지요.

"그렇다면 맛있기로 소문난 이 요리들은 누가 한 거지?"

"누굽니까, 진짜 요리사가?"

그 말에 나잘난이 입을 꾹 다물었어요. 그때 고구마 탐정이 우울해를 향해 말했지요.

"이제 그만 정체를 밝히시죠, 우울해 씨."

"네?"

"당신의 진짜 정체는 나잘난의 그림자 요리사죠?"

고구마 탐정의 말을 들은 우울해가 피식 웃음을 짓더니 앞치마를 벗으며 말했어요.

"맞아요, 내가 바로 이 나라 최고의 맛을 내는 진짜 요리사입니다. 그동안 나잘난이 만든 음식들은 모두 제 작품이었죠."

"그런데 왜 정체를 숨기고 있었던 겁니까?"

"나잘난이 제게 큰돈을 주며 사람들을 속이라고 했으니까요."

우울해의 말에 나잘난은 고개를 푹 숙였어요.

이렇게 사건은 해결된 듯했어요. 마식왕도 정신을 차렸고, 진짜 요리사의 정체도 알아냈으니 모두 끝났다고 생각했지요. 딱 한 사람, 고구마 탐정만 빼고요.

고구마 탐정, 아까부터 왜 그런 표정인가?

뭔가 수수께끼의 마지막이 풀리지 않았다는 듯한 표정이로군요.

나뚱뚱 경감과 오동통 형사가 고구마 탐정을 향해 물었어요.

"마식왕 씨, 누군가 당신에게 제보했다고 했죠?"

"네, 쪽지가 왔더라고요."

고구마 탐정이 심각한 목소리로 말했어요.

그러자 모두 고개를 갸웃했지요.

"대체 그게 무슨 말인가?"

"우울해 씨, 당신이 일부러 마식왕을 부른 거 아닙니까?"

고구마 탐정은 우울해를 향해 물었어요.

"제, 제가 왜요?"

우울해는 기가 막힌다는 표정을 지었어요.

"당신은 요리도 할 줄 모르는 가짜 요리사 나잘난이 유명해진 게 배가 아팠던 것이 아닙니까? 진짜 요리를 하는 건 당신이었으니까요."

고구마 탐정의 날카로운 물음에 우울해는 모든 걸 인정한다는 듯 피식 웃었어요.

"그래요. 하지만 나잘난이 정말 마식왕을 프라이팬으로 공격할 줄은 몰랐어요. 저는 단지 마식왕을 이 식당으로 초대했을 뿐이라고요."

우울해는 마식왕을 초대한 것이 죄는 아니지 않느냐며 뻔뻔하게 말했어요.

모두 우울해를 체포하고 싶었지만 어쩔 수 없었어요. 고구마 탐정도, 나뚱뚱 경감도, 오동통 형사도 그냥 물러날 수밖에 없었답니다.

결국, 사건은 이렇게 해결되었지요.

도전! 고구마 탐정의 과학 추리 퀴즈
나별동 씨의 SOS

나뚱뚱 경감이 부랴부랴 고구마 탐정을 찾아왔어요. 아주 해결하기 힘든 복잡한 사건이 생겼다지 뭐예요. 과연 어떤 사건일까요?

고구마 탐정은 어떻게 검은 용을 소환한다는 걸까요? 사건의 열쇠는 바로 '맛을 내는 이것'이에요.

※ 다음 숨은 그림에서 힌트를 찾으세요!

숨은그림찾기 — 알코올램프, 사발, 모래, 소다, 설탕, 라이터, 장갑

아니, 소다와 설탕으로 검은 용을 소환할 수 있다고? 그게 가능한 일인가?

당연하죠. 소다는 탄산수소 나트륨으로 되어 있거든요.

 나별동 씨가 본 검은 용은 소다와 설탕을 섞은 뒤 불을 붙였을 때 생기는 검은 기체였답니다. 소다와 설탕을 섞어 가열하면 검은색 기체 기둥이 마치 검은 용처럼 피어오르거든요.

사건 해결!

탐정이 되기 위해 꼭 알아야 할 과학 원리

빵을 부풀리는 소다의 비밀

> 소다는 탄산수소 나트륨으로 이루어져 있는데,
> 이것이 열을 받으면 물과 이산화 탄소 기체로 분해되거든.
> 이때 생긴 이산화 탄소 기체가 빵을 부풀리는 거야.

　소다는 가열하면 물과 이산화 탄소로 분해되고, 설탕은 가열하면 검은 액체로 변해요. 설탕은 열에 타면 검은색 탄소로 변하거든요.
　그러면 소다와 설탕을 섞은 뒤 불을 붙이면 어떻게 될까요?
　검은색 액체가 된 설탕과 소다에서 나온 이산화 탄소 기체가 서로 섞여요. 그러면서 검은색의 설탕 거품이 생겨나는 거랍니다.
　이때, 위쪽의 다 탄 설탕은 검은색 탄소 덩어리로 변해서 굳고 아래쪽에서는 설탕 거품이 생겨요. 그러면서 위쪽에 있는 검은 탄소 덩어리가 점점 솟구치지요. 그 모습이 마치 검은 용이 몸부림을 치며 하늘로 올라가는 것처럼 보이는 거랍니다.

숨은그림찾기 정답

46쪽

87쪽

124쪽

다음 권에서 만나요!